W9-AWK-309

Lo mejor de la cocina
ESPAÑOLA

H KLICZKOWSKI

INGREDIENTES BÁSICOS

Encontrará los ingredientes necesarios para estas recetas en cualquier tienda o supermercado. No obstante, algunos productos pueden sustituirse por otros similares, lo que puede ser de gran utilidad en un momento dado.

Aceite de oliva: El aceite de oliva producido en España se encuentra entre los de mejor calidad y su sabor es insustituible. Pruebe a utilizar diferentes marcas para encontrar el que más satisface a su paladar.

Ajo: El ajo fresco se usa con mucha frecuencia, especialmente picado sobre una tabla de madera con la punta de un cuchillo grande. Si añade un poco de sal al ajo antes de majarlo, obtendrá una pasta.

Alioli: Salsa compuesta por una mezcla de ajo y aceite, que puede sustituirse por una mayonesa perfumada con ajo.

Almendras: Estos frutos secos se emplean de maneras muy diversas en la cocina española, tanto en platos dulces como en salados. Al moler muy finas las almendras peladas se obtiene harina de almendra, que se utiliza del mismo modo que otros tipos de harina en la elaboración de salsas y pasteles.

Arroz: En España es más usual cocinar el arroz con colorantes como el azafrán o la cúrcuma, o bien con un sofrito u otros ingredientes, como en la paella, que preparar un simple arroz hervido. El arroz redondo es el más consumido, aunque quizás resulta más sencilla la utilización del arroz de grano largo.

Azafrán: Se encuentra disponible molido o en hebras. Se trata de un condimento caro que puede sustituir por cúrcuma o pimentón.

Cebollas: La cebolla roja es más suave y dulce que la de color castaño y es deliciosa para consumirla cruda en ensalada. Puede sustituirla por cebolla blanca o de color castaño, según la receta.

Chorizo: Embutido picante de textura gruesa y de consumo muy común en toda España. Puede sustituirse por cualquier salami picante.

Garbanzos: Esta legumbre se caracteriza por su textura mantecosa. Debe estar en remojo unas 8 horas antes de la cocción. También puede usar garbanzos en lata, sin que ello implique una pérdida considerable de sabor o de textura.

Hierbas: En la cocina española se emplea una gran variedad de hierbas. Es mejor utilizarlas frescas, pero también

puede usar hierbas secas, reduciendo la cantidad. El romero, el tomillo, la salvia, la albahaca, la menta y el perejil son las de uso más frecuente.

Jerez: España produce jerez que se encuentra entre los mejores del mundo. Existen distintos tipos, desde el seco hasta el dulce, que se emplean en numerosos platos tanto dulces como salados.

Paella: Es el plato de la gastronomía española más conocido internacionalmente. Los ingredientes pueden variar según la región o los productos locales, pero la base consta de arroz cocinado con un sofrito de ajo, tomate y aceite de oliva, y condimentado con azafrán.

Paellera: Recipiente a modo de sartén grande, poco profunda y con dos asas que se emplea para cocinar el plato de arroz más famoso, la paella. Si no dispone de una, puede emplear una sartén grande de fondo pesado o una cacerola de paredes bajas.

Pimentón: Esta especia está elaborada a partir de una variedad de pimiento dulce que se cultiva en toda Europa. Es de color rojo intenso y posee un agradable aroma y un fuerte sabor terroso. Se suele utilizar el pimentón dulce, aunque también existe una variedad picante.

Pimiento: Los pimientos rojos y verdes son muy usuales en la cocina española. Para pelarlos, colóquelos bajo el grill caliente o sujételos con unas tenazas largas y gírelos sobre una llama hasta que la piel se vuelva negra. Déjelos enfriar, cubiertos con un paño de cocina limpio humedecido. La piel negra se desprenderá con facilidad y los pimientos adquirirán un delicioso sabor ahumado.

Piñones: Son las almendras comestibles de la semilla del pino piñonero, especie típica de las costas mediterráneas. Podrá encontrarlos en cualquier supermercado o tienda de frutos secos.

Tomates: Gran parte de las recetas saladas contienen tomates por el color y el sabor que aportan. Utilice preferiblemente tomates rojos maduros con la pulpa firme, aunque los tomates en lata son un buen sustituto.

Vinagre: El vinagre de vino tinto o blanco es un ingrediente esencial en la cocina española. Podría sustituirse por vinagre de malta.

Con un cuchillo afilado, abra la cabeza de cada pulpito y retire los intestinos.

Tome los cuerpos de los pulpitos y, con el dedo índice, empuje el pico hacia arriba y retírelo.

ENTRANTES Y SOPAS

Estos entrantes y sopas, al igual que muchos platos de la cocina española, son consistentes y están condimentados con ajo. Sírvalos en pequeñas cantidades.

Pulpitos a la plancha

Tiernos y deliciosos.

18 pulpitos	*oliva*
2 cucharaditas de ra-	*2 dientes de ajo*
lladura fina de limón	*¹/₄ taza de perejil*
¹/₄ taza de zumo de	*fresco picado*
limón	*1 cucharada de*
¹/₄ taza de aceite de	*pimentón dulce*

Tiempo de preparación:
15 minutos +
2 horas en adobo
Tiempo de cocción:
6 minutos
Para 4-6 personas

1. Para limpiar los pulpitos, retire los intestinos con un cuchillo pequeño afilado. Puede cortar toda la cabeza o bien abrirla y retirar los intestinos.
2. Tome los cuerpos y, con el dedo índice, empuje el pico hacia arriba y retírelo. Lave bien los pulpitos y retíreles los ojos. Corte cada bolsa en 2 ó 3 trozos y resérvelos.
3. Mezcle la ralladura y el zumo de limón, el aceite de oliva, el ajo majado, el perejil y el pimentón en un cuenco grande. Incorpore los pulpitos preparados, cúbralos con film transparente y déjelos marinar de 1 a 2 horas.
4. Engrase ligeramente la parrilla, disponga encima los pulpitos de forma ordenada y áselos a fuego medio-fuerte 3 minutos por cada lado, a la vez que vierte cucharadas de la marinada por encima. Puede servirlos calientes o fríos.

Nota: Si prefiere un sabor más intenso, deje los pulpitos en adobo de 2 a 3 días, removiéndolos cada día.

Mezcle la ralladura y el zumo de limón, el aceite, el ajo, el perejil y el pimentón en un cuenco.

Ase los pulpitos en la parrilla 3 minutos por cada lado mientras los rocía con la marinada.

Patatas arrugadas con mojo picón

Tiempo de preparación:
20 minutos
Tiempo de cocción:
25 minutos
Para 4-6 personas

18 patatas nuevas pequeñas
1 cucharada de aceite de oliva
2 cucharaditas de sal
MOJO PICÓN
2 dientes de ajo
1 cucharadita de comino

1 cucharadita de pimentón dulce
⅓ taza de aceite de oliva
2 cucharadas de vinagre de vino blanco
1 cucharada de agua caliente

1. Precaliente el horno a 210°C. Coloque las patatas, en una sola capa, en una fuente de horno. Vierta el aceite por encima, mueva la fuente para que éste se distribuya de modo uniforme y espolvoree las patatas con sal.
2. Hornéelas de 20 a 25 minutos o hasta que estén doradas y ligeramente arrugadas. Durante el tiempo de horneado, agite la fuente un par de veces.
3. Para preparar el mojo picón, coloque el ajo, el comino y el pimentón en un robot de cocina y tritúrelo todo durante 1 minuto. Con el robot en marcha, añada el aceite lentamente en un chorro fino y siga mezclando hasta que todo el aceite quede incorporado y la salsa espese un poco. Añada el vinagre y el agua caliente y siga mezclando durante 1 minuto más.
4. Sirva las patatas calientes, acompañadas con una cucharada de mojo picón.

Nota: El mojo picón es una salsa originaria de las Islas Canarias, aunque ya se sirve en los bares de tapas de toda España. Otra versión de esta salsa contiene cilantro picado en lugar de pimentón y se sirve para acompañar al pescado frito. Las patatas arrugadas también están deliciosas con alioli, sobre todo como acompañamiento para un plato de pescado.

Vierta el aceite sobre las patatas y espolvoréelas con la sal de modo uniforme.

Hornee las patatas hasta que estén doradas y ligeramente arrugadas.

Triture el ajo, el comino y el pimentón durante 1 minuto.

Con el robot en marcha, añada el aceite lentamente en un chorro fino y luego el vinagre.

Pizza de espinacas

El aperitivo ideal.

Tiempo de preparación:
30 minutos
Tiempo de cocción:
45 minutos
Para 4-6 personas

BASE
7 g de levadura seca
1 cucharadita de
  azúcar
2¹/₄ tazas de harina
1 taza de agua tibia
COBERTURA
10 hojas de espinacas,
  cortadas en tiras
1 cucharada de aceite
  de oliva

2 dientes de ajo,
  majados
2 cebollas medianas,
  picadas
1 lata (440 g) de
  tomates, escurridos
  y triturados
¹/₄ cucharadita de
  pimienta molida
12 aceitunas negras
  sin hueso, troceadas

---

1. Precaliente el horno a 210°C. Unte con aceite o con mantequilla derretida un molde para pizzas de 30 x 25 x 2 cm.

2. Para preparar la base, mezcle la levadura, el azúcar y la harina en un cuenco grande. Añada el agua de forma gradual y remuévalo todo hasta obtener una pasta fina. Amásela sobre una superficie ligeramente enharinada hasta que quede fina y elástica. Colóquela en un cuenco ligeramente engrasado, cúbrala con un paño grueso y déjela reposar en un sitio cálido 15 minutos o hasta que doble su volumen.

3. Para preparar la cobertura, ponga las espinacas en una cacerola grande, tápela y cuézalas a fuego lento 10 minutos. Escúrralas y déjelas enfriar. Apriételas con las manos para eliminar el exceso de agua y resérvelas.

4. Caliente aceite en una cacerola mediana, agregue el ajo y las cebollas y sofríalo todo a fuego lento de 5 a 6 minutos. Añada los tomates y la pimienta y déjelo cocer suavemente durante 5 minutos.

5. Golpee un poco la masa, retírela del cuenco y amásela sobre una tabla ligeramente enharinada de 2 a 3 minutos. Pase el rodillo sobre la masa y extiéndala sobre el molde preparado. Disponga encima las espinacas, cúbralas con el sofrito y esparza las aceitunas sobre éste.

6. Hornee la pizza entre 25 y 30 minutos. Sírvala caliente o fría, en porciones pequeñas cuadradas o rectangulares.

Nota: La base también puede hacerse con masa de pan, o bien con masa de panecillos o pasta quebrada.

CONSEJO:
La pasta levada puede prepararse con un día de antelación. Colóquela en un recipiente grande, cúbrala y refrigérela. Al día siguiente, golpéela un poco, amásela ligeramente y extiéndala con el rodillo. Al preparar una masa con levadura es recomendable calentar primero la harina en el horno para que la masa crezca con más rapidez.

Añada de forma gradual el agua tibia a la mezcla de harina, levadura y azúcar.

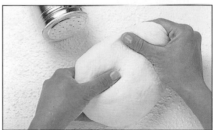

Amase la pasta sobre una superficie ligeramente enharinada hasta que quede fina y elástica.

Incorpore los tomates y la pimienta a la cacerola con la cebolla y el ajo ya sofritos.

Disponga las espinacas sobre la masa y cúbralas con el sofrito de tomate y las aceitunas.

Gazpacho

Tiempo de preparación:
15 minutos +
1–2 horas de
refrigeración
Para 4-6 personas

*3 rebanadas de pan del
día anterior
8 tomates maduros
grandes, pelados, sin
pepitas y picados
1 pepino pelado, sin
pepitas y picado
1 cebolla pequeña,
picada
1 pimiento verde
pequeño, picado
1/3 taza de menta
fresca, picada
2 dientes de ajo,
majados
2 cucharadas de aceite
de oliva
2 cucharadas de*

*vinagre de vino tinto
2 cucharadas de con-
centrado de tomate
1–2 tazas de agua
helada*

GUARNICIÓN
*1 pimiento rojo
mediano, troceado
1 cebolla mediana,
troceada
1 pepino pequeño,
pelado, sin pepitas
y troceado
2 huevos duros,
troceados
1/2 taza de aceitunas
verdes, sin hueso,
troceadas*

ingredientes de la guarnición en tiras o rodajas finas y dispóngalos en cuencos pequeños para que los invitados se sirvan a su gusto.

Nota: Esta sopa fría de la cocina andaluza es conocida en el mundo entero. Siempre debe servirse fría y es una manera muy refrescante de comenzar una comida de verano. Para conseguir su inconfundible sabor, los tomates deben estar maduros y no olvide quitarles las pepitas. Los tomates frescos pueden sustituirse por tomates en conserva.

1. Retire la corteza del pan, remójelo en agua y mézclelo con los demás ingredientes, excepto el agua helada, en un cuenco grande. Cúbralo con film transparente y déjelo reposar 20 minutos.

2. Divida la mezcla en tres partes y tritúrela en tres tandas en el robot de cocina durante 30 segundos o hasta que quede fina. Pásela a un cuenco grande. Aclare la mezcla añadiendo agua helada hasta obtener la consistencia deseada. Cubra el gazpacho con film transparente y refrigérelo al menos una hora.

3. Sírvalo en cuencos individuales con cubitos de hielo. Trocee los

CONSEJO
Para retirar las pepitas de los tomates, pélelos, córtelos por la mitad y apriételos con suavidad. Si aún quedan pepitas, retírelas con una cucharilla. Para eliminar las pepitas de los pepinos, córtelos por la mitad longitudinalmente y retírelas con una cucharilla.

En un cuenco, mezcle todos los ingredientes, excepto el agua, y déjelos reposar 20 minutos.

Triture la mezcla en tres tandas en el robot de cocina hasta que quede fina.

Aclare el gazpacho con el agua helada hasta obtener la consistencia deseada.

Trocee los ingredientes de la guarnición y dispóngalos en cuencos para servirse a su gusto.

Sopa de ajo

Sazone a su gusto.

Tiempo de preparación:
15 minutos
Tiempo de cocción:
30 minutos
Para 4-6 personas

---

¹/₄ taza de aceite de oliva	*y troceados*
6 dientes de ajo, majados	*1 cucharadita de pimentón dulce*
1¹/₂ tazas de pan recién rallado	*¹/₂ cucharadita de guindilla en polvo*
3 tomates medianos maduros, pelados	*1 l de agua*
	2 huevos, poco batidos
	¹/₄ taza de perejil fresco

---

1. Caliente aceite en una cacerola grande y añada el ajo. Fríalo a fuego lento 1 ó 2 minutos, hasta que quede tierno pero sin que llegue a dorarse. Incorpore el pan rallado y manténgalo a fuego medio 3 minutos o hasta que se dore ligeramente.

2. Agregue los tomates, el pimentón, la guindilla en polvo y el agua. Llévelo a ebullición y déjelo cocer, tapado, unos 30 minutos.

3. Añada los huevos en un chorro fino a la sopa hirviendo y manténgala a fuego lento otros 2 min.

4. Vierta la sopa en platos hondos y espolvoréela con perejil picado.

Nota: Sírvala caliente y bien sazonada.

Fría en aceite el ajo majado a fuego lento hasta que esté tierno pero sin que llegue a dorarse.

Incorpore el pan rallado y manténgalo a fuego medio 3 minutos o hasta que se dore.

Agregue los tomates, el pimentón, la guindilla en polvo y el agua, y déjelo cocer 30 minutos.

Añada los huevos batidos en un chorro fino a la sopa hirviendo y siga cociendo otros 2 minutos.

Sopa de pescado

Sopa condimentada con limón y acompañada de una tostada.

Tiempo de preparación:
  25 minutos +
  1–2 horas en
  adobo
Tiempo de cocción:
  15 minutos
Para 4-6 personas

---

1 kg de filetes de pescado blanco
3 cebollas rojas pequeñas, picadas
3 dientes de ajo
¹/₄ taza de perejil fresco
2 cucharaditas de ralladura fina de limón
¹/₄ taza de hojas de tomillo al limón fresco
3 hojas de laurel
¹/₄ taza de aceite de oliva
2 cucharadas de vinagre de vino blanco
1 l de caldo de pescado
1 taza de vino blanco seco
¹/₄ cucharadita de pimienta molida
4–6 rebanadas gruesas de pan

---

1. Retire la piel y las espinas de los filetes de pescado, córtelos en dados de 2,5 cm y colóquelos en un cuenco grande.
2. Mezcle las cebollas, el ajo majado, el perejil picado fino, la ralladura de limón, el tomillo al limón, el laurel, el aceite de oliva y el vinagre. Disponga la marinada sobre el pescado preparado, cúbralo con film transparente y déjelo en adobo en el frigorífico de 1 a 2 horas.
3. Coloque el pescado con la marinada en una cacerola grande, y añada el caldo, el vino y la pimienta. Llévelo lentamente a ebullición y déjelo cocer, tapado, durante 15 minutos o hasta que el pescado esté tierno.
4. Justo antes de servirlo, tueste el pan por ambos lados hasta se dore. Disponga las tostadas en platos hondos y vierta encima la sopa caliente.
Nota: En esta receta se puede utilizar perca, cualquier otro pescado blanco o una mezcla de varios tipos de pescado. Utilice el pan tradicional de forma ovalada y corteza crujiente o, en su defecto, pan francés.

Corte los filetes de pescado en dados de 2,5 cm y colóquelos en un cuenco grande.

Mezcle los ingredientes de la marinada.

Disponga la marinada sobre el pescado, cúbralo y déjelo en adobo.

Coloque la mezcla de pescado en una cacerola grande, y añada el caldo, el vino y la pimienta.

Fría las patatas y las cebollas a fuego medio-fuerte hasta que se doren.

Cuando la patata esté hecha, retírela junto con la cebolla y escúrralas sobre papel absorbente.

HUEVOS Y ARROZ

Los huevos y el arroz son productos imprescindibles en la despensa española, pues, entre otros, son ingredientes básicos para platos tan tradicionales como la tortilla o la paella.

Tortilla española

Tiempo de preparación:
15 minutos
Tiempo de cocción:
20 minutos
Para 4 personas

---

2 cucharadas de aceite
de oliva
2 patatas grandes,
cortadas en dados
de 1,5 cm

2 cebollas medianas,
troceadas
4 huevos
1 cucharada de aceite
de oliva, adicional

---

1. Caliente el aceite en una sartén mediana de fondo pesado, añada las patatas y las cebollas y fríalas a fuego medio-fuerte hasta que se doren. Baje el fuego, tape la sartén y déjelas cocer 5 ó 6 minutos, removiendo de vez en cuando, hasta que la patata esté hecha.

2. Retire la patata y la cebolla de la sartén y escúrralas sobre papel absorbente. Bata los huevos en un cuenco mediano hasta que queden espumosos e incorpore la mezcla de patata.

3. Caliente el aceite adicional en una sartén limpia. Vierta la mezcla de huevo y déjela cocer a fuego medio de 15 a 20 minutos o hasta que el fondo esté cuajado. Déle la vuelta con la ayuda de una tapadera y déjela cocer unos minutos hasta que cuaje por el otro lado.

4. Sirva la tortilla fría o caliente, en porciones triangulares y acompañada con una ensalada.

Nota: El secreto de la tortilla consiste en hacerla a fuego lento y uniforme, por lo que es conveniente utilizar una sartén de fondo pesado. Si emplea una sartén antiadherente, necesitará la mitad de aceite.

Bata los huevos en un cuenco mediano hasta que queden espumosos.

Incorpore la mezcla de patata y cebolla al huevo y remuévalo todo.

Huevos al plato

Sabrosos y picantes.

Tiempo de preparación:
25 minutos
Tiempo de cocción:
25 minutos
Para 4-6 personas

---

2 cucharadas de aceite
de oliva
1 cebolla pequeña,
picada
1 pimiento rojo
pequeño, picado
1 cucharadita de
guindilla roja,
bien picada

440 g de tomates en
lata, triturados
2 cucharadas de con-
centrado de tomate
6 huevos
12 lonchas finas de
chorizo
2 cucharadas de perejil
fresco, picado

---

1. Precaliente el horno a 160°C. Caliente el aceite en una cacerola mediana, añada la cebolla picada y rehóguela a fuego medio hasta que esté tierna y ligeramente dorada. Agregue el pimiento y la guindilla, y cuézalo 2 ó 3 minutos más. Incorpore los tomates y el concentrado de tomate y sofríalo todo a fuego lento, destapado, durante 10 minutos, removiendo de vez en cuando.

2. Pase el sofrito a una fuente refractaria llana. Con el dorso de una cuchara sopera, forme seis huecos en la superficie del sofrito para colocar en ellos los huevos. Con cuidado, rompa los huevos de uno en uno sobre dichos huecos.

3. Coloque encima las lonchas de chorizo y hornéelo de 20 a 30 minutos o hasta que las claras estén cuajadas pero las yemas estén todavía blandas.

4. Espolvoréelo con perejil y sírvalo de inmediato. **Nota:** El chorizo proporciona un sabor característico a este plato, aunque también puede utilizar algún salami picante. Este plato resulta excelente como almuerzo o como comida ligera acompañado con una ensalada verde y tostadas.

Cuando la cebolla esté tierna, añada el pimiento y la guindilla y déjelo cocer otros 2 ó 3 minutos.

Con una cuchara sopera, forme huecos sobre el sofrito para colocar en ellos los huevos.

Con cuidado, rompa cada huevo sobre los huecos preparados.

Coloque encima las lonchas de chorizo y hornéelo de 20 a 30 minutos.

Huevos revueltos con calabacín

Tiempo de preparación:
15 minutos
Tiempo de cocción:
15 minutos
Para 4-6 personas

1 cucharada de aceite de oliva	*pequeño, troceado*
1 cebolla grande	*2 tomates grandes maduros, pelados y troceados*
4 lonchas de bacon	
3 calabacines pequeños, en rodajas	*6 huevos*
1 pimiento verde	*¹/₄ cucharadita de pimienta molida*

1. Caliente el aceite en una cacerola grande y añada la cebolla picada y el bacon troceado. Fríalo a fuego medio hasta que la cebolla se dore y el bacon esté crujiente.

2. Agregue el calabacín y el pimiento y déjelo cocer durante 3 minutos. Incorpore los tomates y saltéelo todo unos 4 ó 5 minutos.

3. Ponga los huevos con la pimienta en un cuenco mediano y bátalo hasta mezclarlo bien. Vierta los huevos sobre la mezcla de calabacín y déjelo cocer hasta que el huevo cuaje, removiendo de vez en cuando. Sírvalo de inmediato con tostadas untadas con mantequilla.

Nota: Si lo desea, añada una guindilla roja fresca finamente picada.

Fría la cebolla y el bacon en una cacerola hasta que la cebolla se dore y el bacon esté crujiente.

Añada el calabacín en rodajas y el pimiento troceado y déjelo cocer unos 3 minutos.

Incorpore los tomates troceados y saltéelo todo unos 4 ó 5 minutos.

Vierta los huevos batidos sobre las hortalizas y déjelo cocer hasta que el huevo cuaje.

Paella

Un plato único.

Tiempo de preparación :
25 minutos
Tiempo de cocción:
20 minutos
Para 4-6 personas

1 cucharada de aceite
de oliva y 1 cucha-
rada, adicional
4 muslos de pollo,
deshuesados y
cortados a cuartos
1 pimiento rojo grande
1 cucharada de perejil
picado
425 g de marisco
variado
2 tazas de arroz

2 dientes de ajo
1 cebolla mediana,
en rodajas
1/2 cucharadita de
azafrán en polvo
4 tazas de caldo de
pollo
1 taza de guisantes
congelados
125 g de chorizo, en
tiras finas
1 limón, en 6 porciones

1. Caliente el aceite en una sartén grande de fondo pesado y añada los trozos de pollo. Fríalos a fuego medio-fuerte de 2 a 3 minutos, dándoles la vuelta una vez, hasta que se doren. Retire el pollo de la sartén y escúrralo sobre papel absorbente. Coloque en la sartén el pimiento troceado, el perejil y el marisco, y saltéelo durante 1 minuto a fuego medio-fuerte. Retírelo del fuego y resérvelo.

2. Aclare el arroz bajo el grifo y escúrralo.

3. Caliente el aceite adicional en la sartén, añada el ajo majado y la cebolla y sofríalos a fuego medio 1 minuto o hasta que se doren. Incorpore el arroz y remuévalo bien, asegurándose de que los granos de arroz quedan cubiertos con el aceite. Añada el pollo, la mezcla de marisco, los guisantes y el chorizo. Revuélvalo todo bien y agregue el azafrán y el caldo.

4. Llévelo a ebullición lentamente y remuévalo una vez. Baje el fuego y déjelo cocer 15 minutos, hasta que se haya absorbido todo el líquido.

5. Retírelo del fuego y déjelo reposar, tapado, unos 5 minutos. Separe los granos de arroz con un tenedor antes de servir la paella decorada con los trozos de limón.

Nota: La paella es el plato más conocido de la gastronomía española. Adopta su nombre de la paellera en que se cocina tradicionalmente, aunque también puede prepararla en una sartén llana grande. Existen numerosas variaciones de la receta básica de paella, según los ingredientes que se añadan, que pueden ser tanto hortalizas como carnes o mariscos.

Fría los trozos de pollo en aceite de 2 a 3 minutos o hasta que se doren.

Incorpore el arroz al sofrito de cebolla y ajo, removiendo bien para cubrirlo con el aceite.

Añada el azafrán y el caldo en último lugar.

Agregue el pollo, la mezcla de marisco, los guisantes y el chorizo.

Arroz a la naranja

Tiempo de preparación:
10 minutos
Tiempo de cocción:
15 minutos
Para 4-6 personas

1¹/₄ tazas de arroz	2 cucharaditas de ra-
1 cucharada de aceite	lladura de naranja
de oliva	¹/₂ taza de zumo de
15 g de mantequilla	naranja
1 cebolla mediana	1¹/₂ tazas de caldo de
¹/₂ taza de jerez dulce	pollo

1. Aclare el arroz bajo el grifo y escúrralo.
2. Caliente el aceite y la mantequilla en una cacerola mediana a fuego lento. Sofría la cebolla troceada hasta que esté dorada y tierna. Incorpore el arroz, baje el fuego y sofríalo 2 minutos o hasta que se dore ligeramente.
3. Agregue la ralladura fina y el zumo de naranja, el jerez y el caldo. Tape bien la cacerola, llévelo todo a ebullición y remuévalo una vez. Baje el fuego y déjelo cocer, tapado, de 8 a 10 minutos o hasta que se absorba casi todo el líquido. Retírelo del fuego y déjelo reposar, tapado, 5 minutos o hasta que se absorba todo el líquido. Separe los granos de arroz con un tenedor y sírvalo.

Pele y trocee la cebolla.

Caliente el aceite y la mantequilla, y sofría la cebolla hasta que esté dorada y tierna.

Añada el arroz, baje el fuego y sofríalo durante 2 minutos o hasta que se dore ligeramente.

Agregue la ralladura y el zumo de naranja, el jerez y el caldo, y llévelo a ebullición, tapado.

HORTALIZAS Y ENSALADAS

La mayoría de estas recetas a base de hortalizas pueden constituir un plato principal o, si lo acompaña con tostadas, incluso un plato único.

Guiso de tomate y pimiento

Tiempo de preparación:
15 minutos
Tiempo de cocción:
15 minutos
Para 4-6 personas

2 cucharadas de aceite de oliva
1 cebolla roja grande
2 pimientos rojos grandes, troceados
1 pimiento verde
grande, troceado
4 tomates grandes maduros, pelados y troceados
2 cucharaditas de azúcar moreno

1. Caliente el aceite en una cacerola mediana, añada la cebolla troceada y sofríala a fuego lento hasta que esté tierna.
2. Agregue los pimientos y cuézalos a fuego medio 5 minutos, removiendo.
3. Añada los tomates y el azúcar. Baje el fuego, tápelo y cuézalo de 6 a 8 minutos hasta que las hortalizas estén tiernas.

Corte los pimientos rojos y el verde a cuadrados y la cebolla, longitudinalmente.

Para pelar los tomates, corte una cruz en la parte superior y póngalos en agua hirviendo.

Cuando la cebolla esté tierna pero sin llegar a estar dorada, añada los pimientos a la cacerola.

Incorpore los tomates y el azúcar, baje el fuego y déjelo cocer, tapado, de 6 a 8 minutos.

Escalibada con alioli

Tiempo de preparación:
30 minutos
Tiempo de cocción:
15 minutos
Para 4-6 personas

ALIOLI
2 yemas de huevo
4 dientes de ajo,
  majados
1 taza de aceite de
  oliva
1 pizca de pimienta
2 cucharadas de zumo
  de limón
HORTALIZAS
4 berenjenas pequeñas
4 pimientos rojos

medianos
4 tomates medianos
  con la pulpa dura
4 cebollas pequeñas
¹/₃ taza de aceite de
  oliva
¹/₃ taza de perejil fresco
  picado
1 diente de ajo,
  majado
¹/₄ cucharadita de
  pimienta molida

1. Para preparar el alioli, coloque las yemas de huevo y el ajo en un cuenco mediano. Bátalo bien durante 1 minuto. Añada el aceite a cucharaditas, batiendo constantemente y siempre en el mismo sentido hasta que la mezcla se vuelva espesa y cremosa. Incorpore el aceite en mayores cantidades a medida que el alioli espesa. Por último, incorpore la pimienta y el zumo de limón. Resérvelo.

2. Coloque las hortalizas enteras y sin pelar sobre una parrilla ligeramente engrasada. Áselas a la parrilla caliente de 6 a 8 minutos, dándoles la vuelta una vez, hasta que la piel se vuelva negra. Retírelas de la parrilla, cúbralas con un paño limpio y húmedo y déjelas enfriar un poco. Retire la piel ennegrecida de las hortalizas, córtelas en dados de 2 cm y dispóngalos en una fuente de servir.

3. Mezcle el aceite, el perejil, el ajo y la pimienta en un cuenco pequeño y vierta la mezcla sobre las hortalizas. Sírvalas calientes o tibias como plato principal, acompañado con alioli y pan.

Para preparar el alioli, incorpore el aceite a cucharaditas hasta que la mezcla espese.

Coloque las hortalizas enteras y sin pelar sobre la parrilla previamente engrasada.

Retire la piel ennegrecida de las hortalizas y córtelas en dados de 2 cm.

Mezcle el aceite de oliva, el perejil, el ajo y la pimienta en un cuenco pequeño.

Ensalada de espinacas y naranja

Tiempo de preparación:
15 minutos
Para 4-6 personas

4 naranjas medianas	*¹/₃ taza de aceite de*
10-12 hojas de	*oliva*
espinacas	*¹/₄ taza de vinagre de*
1 cebolla roja mediana	*vino tinto*
¹/₂ taza de aceitunas	*¹/₄ taza de piñones*
negras, sin hueso	*tostados*

1. Coloque las naranjas sobre una tabla, corte 2 cm de la parte superior de cada una y pélelas retirando toda la pielecilla blanca. Para separar los gajos, corte cuidadosamente con un cuchillo pequeño afilado entre la membrana y la pulpa. Realice esta última operación sobre un cuenco para no perder el zumo.

2. Trocee las hojas de espinacas y colóquelas en un cuenco grande. Añada la cebolla cortada en rodajas, la naranja y las aceitunas negras.

3. En un cuenco pequeño, bata el aceite de oliva y el vinagre hasta que se mezclen bien.

4. Vierta el aderezo sobre la ensalada y remueva para distribuirlo bien. Pase la ensalada a un cuenco de servir, esparza los piñones por encima y sírvala de inmediato.

Corte 2 cm de la parte superior de cada naranja y pélelas.

Sobre un cuenco, separe los gajos cortando entre la membrana y la pulpa.

Añada la cebolla, los gajos de naranja y las aceitunas negras a las espinacas troceadas.

Para preparar el aderezo, bata el aceite de oliva y el vinagre en un cuenco pequeño.

Ensalada de alcachofa y espárragos

Tiempo de preparación:
20 minutos
Tiempo de cocción:
10 minutos
Para 4-6 personas

1 manojo de
espárragos frescos
130 g de judías verdes
150 g de champiñones
pequeños
5 corazones de
alcachofa en adobo
o en conserva
30 g de mantequilla
¹/₂ cucharadita de
pimentón dulce

2 dientes de ajo, en
láminas finas
2 cucharadas de aceite
de oliva
2 cucharadas de zumo
de limón
¹/₄ cucharadita de
pimienta negra
2 cucharadas de menta
bien picada

1. Corte los tallos de los espárragos en trozos de 5 cm. Corte uno de los extremos de las judías y deje el rabillo. Corte los champiñones por la mitad y los corazones de alcachofa, a cuartos.
2. Llene de agua un cazo mediano hasta la mitad y llévela a ebullición. Hierva en ella los espárragos y las judías 1 ó 2 minutos o hasta que tomen un tono verde intenso. Retírelos del fuego, sumérjalos en agua helada hasta que estén fríos y escúrralos.

3. Caliente la mantequilla en un cazo pequeño, agregue el pimentón y el ajo y sofríalo 1 minuto. Añada los champiñones, dórelos de 2 a 3 minutos y retírelos del fuego.
4. Mezcle bien el aceite, el zumo, la pimienta y la menta en un cuenco pequeño. Disponga los espárragos, las judías, los champiñones y las alcachofas en un cuenco mediano, vierta por encima el aderezo y remuévalo bien. Pase la ensalada a un cuenco para servir.
Nota: Las hortalizas conservan mejor su color y sabor si las sumerge en agua fría después de hervirlas. También puede hacer esta ensalada con pimientos, habas, zanahorias, guisantes o calabacines.

Trocee los espárragos, las judías verdes, los champiñones y los corazones de alcachofa.

Hierva los espárragos y las judías y, a continuación, sumérjalos en agua helada.

Añada los champiñones a la mezcla de mantequilla, pimentón y ajo.

En un cuenco pequeño, mezcle bien el aceite, el zumo de limón, la pimienta y la menta.

Zanahoria con chorizo y pasas

Tiempo de preparación:
15 minutos
Tiempo de cocción:
1 minuto
Para 4-6 personas

2 cucharadas de aceite de oliva
10 rodajas finas de chorizo, en tiras
15 g de mantequilla
6 zanahorias medianas, en trozos pequeños

4 cebolletas, en rodajas
1/2 cucharadita de comino
1/2 cucharadita de canela molida
1/2 taza de uvas pasas
1/4 taza de piñones

1. Caliente aceite en una cacerola grande y fría el chorizo a fuego medio durante 2 minutos o hasta que esté crujiente. Sáquelo y escúrralo sobre papel absorbente. Retire el aceite de la cacerola.

2. Caliente la mantequilla en la cacerola y añada el chorizo, las zanahorias, las cebolletas, el comino y la canela. Tápelo y déjelo cocer a fuego lento 4 minutos o hasta que la zanahoria esté tierna.

3. Agregue las pasas y déjelo cocer 3 minutos más. Incorpore los piñones y agite la cacerola para distribuirlos bien.

4. Puede servirlo solo o para acompañar carne al horno o a la parrilla.

Corte el chorizo en tiras y fríalo hasta que esté crujiente.

Sáquelo de la cacerola y escúrralo bien sobre papel absorbente.

Ponga en la cacerola el chorizo, la zanahoria, las cebolletas, el comino y la canela.

Agregue las pasas, déjelo cocer 3 minutos y, a continuación, incorpore los piñones.

Corte el pollo en trozos pequeños con un cuchillo grande o unas tijeras de cocina.

Añada los tomates, la salsa de ciruela, el vino y el caldo al sofrito de cebolla y pimiento.

CARNE, POLLO Y PESCADO

Como consecuencia de su extenso litoral, España posee una gran tradición de platos a base de pescado. La carne y el pollo se suelen servir en estofados y guisos.

Potaje de pollo y garbanzos

Tiempo de preparación:
25 minutos +
1 noche en remojo
Tiempo de cocción:
1 hora
Para 4-6 personas

3 cucharadas de aceite de oliva
1 pollo de 1,5 kg, en trozos pequeños
1 cebolla pequeña
2 pimientos rojos pequeños
440 g de tomates en lata, triturados
¹/₂ taza de salsa de ciruela
¹/₂ taza de vino blanco
³/₄ taza de caldo de pollo
1 taza de garbanzos, en remojo durante una noche
250 g de chorizo

1. Caliente el aceite en una cacerola grande y fría el pollo a fuego medio-fuerte de 3 a 4 minutos o hasta que se dore, dándole la vuelta una vez. Retírelo y escúrralo sobre papel absorbente.

2. Añada la cebolla troceada y el pimiento cortado a cuadrados grandes y sofríalo a fuego medio hasta que la cebolla esté tierna y dorada. Agregue los tomates, la salsa de ciruela, el vino y el caldo y déjelo cocer todo, destapado, unos 10 minutos.

3. Incorpore el pollo y los garbanzos, tápelo y déjelo cocer 1 hora o hasta que el pollo esté hecho y los garbanzos tiernos.

4. Precaliente el horno a 200°C. Páselo todo a una fuente llana refractaria, disponga trozos de chorizo por encima y hornéelo 5-7 minutos o hasta que el chorizo esté crujiente.

Incorpore el pollo y los garbanzos a la cacerola y déjelo cocer 1 hora.

Páselo todo a una fuente refractaria, disponga el chorizo por encima y hornéelo 5-7 minutos.

Pollo a la sidra

Tiempo de preparación:
30 minutos
Tiempo de cocción:
25 minutos
Para 4-6 personas

---

6 pechugas de pollo
6 lonchas finas de
  jamón cocido
palillos, para cerrar
  las pechugas
60 g de mantequilla
1 cebolla pequeña,
  troceada
1 zanahoria pequeña,
  a daditos

1 cucharada de harina
1¹/₂ tazas de caldo de
  pollo
1 taza de sidra
¹/₄ cucharadita de
  pimienta molida
¹/₄ cucharadita de nuez
  moscada molida
¹/₄ taza de piñones
  tostados, opcional

---

1. Precaliente el horno a 180°C. Clave un cuchillo afilado en la parte más ancha de cada pechuga y realice una incisión profunda. Introduzca en ella una loncha de jamón y cierre la abertura con los palillos. Envuelva el pollo con film transparente y refrigérelo hasta el momento de utilizarlo.

2. Caliente la mantequilla en una cacerola, añada la cebolla y la zanahoria y rehóguelas a fuego lento durante 4 minutos, hasta que estén tiernas. Agregue la harina y déjelo cocer a fuego lento, removiendo hasta que se dore ligeramente. Incorpore de forma gradual el caldo mezclado con la sidra, removiendo hasta que la mezcla sea fina. Añada la pimienta y la nuez moscada. Cueza la salsa a fuego medio 3 minutos, sin dejar de remover, hasta que hierva y se espese, y déjela hervir 1 minuto más. Retírela del fuego.

3. Disponga las pechugas en una fuente refractaria llana, en una sola capa. Vierta la salsa por encima, tápelo y hornéelo entre 20 y 25 minutos.

4. Retire los palillos y sirva las pechugas con una cucharada de salsa. Esparza piñones por encima.

Nota: Puede utilizar sidra con o sin alcohol.

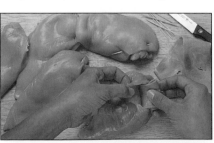

Introduzca una loncha de jamón en la incisión realizada en la pechuga y ciérrela con un palillo.

Caliente mantequilla en una cacerola, añada la cebolla y la zanahoria y rehóguelas 4 minutos.

Mezcle el caldo y la sidra e incorpórelo de forma gradual, removiendo hasta que quede fino.

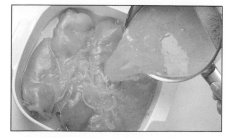

Disponga el pollo en una fuente refractaria, vierta la salsa por encima y hornéelo.

Estofado de cordero a las finas hierbas

Tiempo de preparación:
25 minutos
Tiempo de cocción:
45 minutos
Para 4-6 personas

2 cucharadas de aceite de oliva	pimentón dulce
1 cebolla pequeña	2 pimientos rojos medianos, troceados
3 dientes de ajo	1 taza de vino blanco seco
1,5 kg de pierna de cordero, deshuesada y atada	2 tazas de caldo de pollo
1 cucharadita de guindilla en polvo	1/4 taza de ramitas de romero fresco
1 cucharada de	1/4 taza de menta fresca

1. Precaliente el horno a 180°C. Caliente el aceite en una cacerola grande, añada la cebolla troceada y el ajo majado y sofríalos a fuego medio unos 3 ó 4 minutos. Ponga el cordero en la cacerola y déjelo cocer, dándole la vuelta de vez en cuando, hasta que se dore bien por todos los lados. Pase el cordero a una fuente refractaria honda.

2. Añada a la cacerola la guindilla, el pimentón y el pimiento, remuévalo todo y rehóguelo a fuego medio unos 5 minutos.

3. Incorpore el vino mezclado con el caldo de pollo, mézclelo todo y llévelo lentamente a ebullición. Baje el fuego y déjelo cocer, destapado, unos 10 minutos. Añada el romero y la menta picada, pase la salsa a una jarra y viértala sobre el cordero.

4. Tápelo y hornéelo 45 minutos o hasta que esté tierno.

Nota: Este estofado no contiene harina, por lo que la salsa resulta fina aunque igualmente sabrosa. Tradicionalmente se sirve en cazuelas de barro individuales para que conserve todas sus propiedades. Si prefiere una salsa más espesa, reboce el cordero con harina antes de dorarlo o espese el líquido con fécula de maíz transformada en pasta.

Coloque el cordero deshuesado y atado en la cacerola con el sofrito de cebolla y ajo y dórelo.

Añada la guindilla, el pimentón y el pimiento al sofrito de cebolla y rehóguelo todo 5 minutos.

Incorpore el vino mezclado con el caldo de pollo y déjelo cocer durante 10 minutos.

Añada el romero y la menta a la salsa, viértala sobre el cordero y hornéelo 45 minutos.

Ternera con salsa de almendras

Tiempo de preparación:
15 minutos
Tiempo de cocción:
15 minutos
Para 4-6 personas

¹/₂ taza de harina blanca
¹/₂ cucharadita de pimienta molida
6 filetes de ternera, finos
30 g de mantequilla
2 cucharadas de aceite de oliva
¹/₂ taza de pan recién rallado

1¹/₄ tazas (150 g) de harina de almendra
¹/₄ cucharadita de canela molida
1¹/₂ tazas de caldo de pollo
¹/₄ taza de jerez dulce
¹/₂ taza de nata espesa
100 g de almendras enteras tostadas, opcionales

1. Mezcle la harina y la pimienta en un cuenco mediano. Reboce ligeramente los filetes con la mezcla y sacuda el exceso.
2. Caliente la mantequilla y el aceite en una sartén grande y fría los filetes a fuego medio-fuerte durante 3 minutos por cada lado. Retírelos de la sartén y escúrralos sobre papel absorbente.
3. Tueste el pan rallado en la sartén a fuego medio, removiendo hasta que se dore. Agregue la harina de almendra y la canela. Incorpore el caldo de pollo y el jerez de forma gradual, sin dejar de remover, hasta que la mezcla quede fina. Caliente la salsa a fuego medio, removiendo constantemente, durante 2 minutos o hasta que hierva y se espese. Incorpore la nata, déjelo hervir 1 minuto más y retírelo del fuego.
4. Disponga los filetes de ternera en una fuente de servir, vierta cucharadas de salsa por encima y, si lo desea, decórelo con almendras tostadas.

Nota: No compre pan rallado envasado en lugar de rallarlo al momento, pues no obtendría el sabor ni la textura deseados. Si prefiere un sabor más fuerte, sustituya el jerez por Madeira.

Reboce ligeramente los filetes de ternera con la harina sazonada y sacuda el exceso.

Fría los filetes a fuego medio-fuerte durante 3 minutos por cada lado.

Añada la harina de almendra y la canela al pan rallado tostado.

Remueva la salsa hasta que hierva y se espese e incorpore la nata.

43

Albóndigas con salsa de jerez

Tiempo de preparación:
35 minutos
Tiempo de cocción:
20 minutos
Para 4-6 personas

---

500 g de carne picada de cerdo y de ternera
½ taza de pan recién rallado
¼ taza de perejil fresco picado
2 dientes de ajo, majados
2 cucharaditas de pimentón dulce
2 cucharadas de aceite de oliva
30 g de mantequilla

1 cebolla mediana, picada
1 cucharada de pimentón dulce, adicional
1 cucharada de harina
½ taza de jerez dulce o seco
1 taza de caldo de pollo
10 patatas nuevas pequeñas
¼ taza de perejil fresco picado, adicional

---

1. En un cuenco mediano, mezcle bien la carne picada, el pan rallado, el perejil, el ajo y el pimentón. Con las manos humedecidas, forme albóndigas del tamaño de una nuez.

2. Caliente el aceite y la mantequilla en una cacerola mediana y fría las albóndigas a fuego medio de 3 a 4 minutos o hasta que estén bien doradas. Retírelas de la cacerola y escúrralas sobre papel absorbente.

3. Añada a la cacerola la cebolla, el pimentón y la harina y sofríalo removiendo durante 2 minutos. Incorpore el jerez y el caldo de forma gradual, sin dejar de remover, hasta que la mezcla sea fina. Cueza la salsa a fuego medio 2 minutos, removiendo constantemente, hasta que hierva y se espese.

4. Incorpore las albóndigas y las patatas a la cacerola, tápela y déjelas cocer a fuego lento 20 minutos. Sírvalas espolvoreadas con perejil picado.

Nota: Si utiliza patatas grandes, córtelas en trozos del mismo tamaño que las albóndigas.

Mezcle la carne picada, el pan rallado, el perejil, el ajo y el pimentón.

Con las manos humedecidas, forme albóndigas del tamaño de una nuez.

Añada a la cacerola la cebolla, el pimentón y la harina y sofríalo removiendo durante 2 minutos.

Incorpore las albóndigas y las patatas a la cacerola y déjelas cocer 20 minutos.

Cerdo al hinojo

Un plato especial.

Tiempo de preparación:
35 minutos
Tiempo de cocción:
1 1/2 horas
Para 6 personas

---

*1 cucharadita de aceite
de oliva y 1 cucha-
rada, adicional
3 lonchas de bacon,
troceadas finas
1,4 kg de lomo de cerdo,
magro
1 taza de pan recién
rallado
1 taza de hinojo fresco
picado fino
1 cucharada de*

*alcaparras picadas
2 cucharadas de cebo-
llino fresco picado
1 huevo, poco batido
30 g de mantequilla
1/2 taza de jerez dulce
1/2 taza de zumo de
naranja
2 cucharadas de
vinagre de vino tinto
1 cucharadita de ralla-
dura fina de naranja*

---

1. Precaliente el horno a 180°C. Caliente el aceite en una cacerola mediana y fría el bacon a fuego medio-fuerte durante 2 minutos o hasta que esté crujiente. Retírelo de la cacerola y escúrralo sobre papel absorbente.
2. Elimine el exceso de grasa del lomo de cerdo. Córtelo longitudinalmente, sin llegar a separarlo por completo. Ábralo y aplánelo un poco con la palma de la mano.
3. En un cuenco mediano, mezcle el pan rallado, el bacon, el hinojo, las alcaparras y el cebollino. Añada el huevo y mézclelo todo bien.
4. Disponga el relleno sobre el lomo abierto, presiónelo, enrolle el lomo y átelo con cordel de forma que quede bien sujeto.
5. Caliente la mantequilla y el aceite en una sartén y fría el lomo a fuego medio unos 3 ó 4 minutos, hasta que se dore uniformemente. Retírelo de la sartén y colóquelo en una fuente de horno grande.
6. Limpie la sartén.

Mezcle el jerez, el zumo, el vinagre y la ralladura de naranja y páselo todo a la sartén. Déjelo cocer destapado durante 2 minutos y viértalo sobre el lomo. Hornéelo 1 1/2 horas o hasta que esté bien hecho.
7. Retire el cordel del lomo y córtelo en lonchas. Dispóngalo en una fuente de servir calentada, vierta la salsa por encima y sírvalo de inmediato.
Nota: Puede acompañarlo con hortalizas al vapor.

CONSEJO:

El hinojo es una planta con un fuerte sabor anisado que combina de maravilla con la carne de cerdo. Puede sustituirse por tallos de apio. Para el pan rallado, utilice pan duro. Quítele la corteza y tritúrelo con el robot de cocina durante 30 segundos o hasta que adquiera la textura deseada. También puede rallarlo con un rallador grueso.

Corte el lomo longitudinalmente, pero sin llegar a separarlo por completo, y aplánelo un poco.

Mezcle el pan rallado, el bacon, el hinojo, las alcaparras y el cebollino e incorpore el huevo.

Disponga el relleno sobre el lomo abierto, presiónelo, enróllelo y átelo con un cordel.

Vierta en la sartén el jerez, el zumo, el vinagre y la ralladura de naranja; déjelo cocer 2 minutos.

Asado de buey

Tiempo de preparación:
25 minutos
Tiempo de cocción:
1 ¹/₂ horas
Para 4-6 personas

---

*1,5 kg de solomillo de
buey
¹/₃ taza de almendras
peladas, picadas
²/₃ taza de aceitunas
verdes, sin hueso
y picadas
1 cucharadita de*

*canela molida
1 cucharada de aceite
de oliva
1 taza de vino tinto
1 taza de caldo de
carne
2 cucharadas de con-
centrado de tomate*

---

1. Recorte el exceso de grasa de la carne. Con un cuchillo afilado, realice 5 cortes profundos en la parte central del solomillo. Mezcle las almendras, las aceitunas y la canela en un cuenco mediano.
2. Rellene los cortes realizados en el solomillo con la mezcla de almendra, presionando con una cuchara. Ate la carne con un cordel.
3. Caliente el aceite en una cacerola grande y fría la carne a fuego medio-fuerte unos 3 ó 4 minutos o hasta que se dore uniformemente. Mezcle el vino, el caldo y el concentrado de tomate. Viértalo en la cacerola, llévelo lentamente a ebullición y déjelo cocer, tapado, durante 1 ¹/₂ horas o hasta que el solomillo esté tierno.
4. Saque la carne de la cacerola y resérvela, cubierta con papel de aluminio para que conserve el calor mientras reduce la salsa. Lleve el líquido a ebullición y déjelo hervir, destapado, unos 10 minutos o hasta que se espese.
5. Sirva el solomillo en lonchas gruesas con salsa.
Nota: Si lo prefiere, puede utilizar otras piezas de vaca o de ternera.

CONSEJO:

Para pelar las almendras, colóquelas en un cuenco y vierta encima agua hirviendo. Déjelas 5 minutos y, luego, escúrralas. La piel se desprenderá con gran facilidad.

En un cuenco, mezcle las almendras picadas, las aceitunas verdes y la canela molida.

Rellene los cortes realizados en la carne con la mezcla de almendra, presionando con firmeza.

Fría la carne atada a fuego medio unos 3 ó 4 minutos o hasta que se dore uniformemente.

Vierta por encima la mezcla de vino tinto, caldo de carne y concentrado de tomate.

Espirales con marisco

Tiempo de preparación:
35 minutos
Tiempo de cocción:
20 minutos
Para 4-6 personas

500 g de langostinos
2 filetes de pescado sin
   espinas (unos 250 g)
4 cuerpos de calamares
   pequeños
2 cucharadas de aceite
   de oliva
3 dientes de ajo,
   majados
1 cucharadita de
   pimentón dulce
1 cucharadita de

guindilla roja picada
3 tomates pequeños
   maduros, pelados
   y troceados
2 cucharadas de con-
   centrado de tomate
1 taza de caldo de
   pescado
1 taza de vino tinto
1 cucharadita de
   azúcar moreno
500 g de pasta

1. Pele y retire los intestinos de los langostinos, dejando las colas intactas. Corte el pescado en trozos de 3 cm y resérvelo. Con un cuchillo afilado, corte el calamar en aros finos y resérvelos.

2. Caliente el aceite en un wok o en una sartén y sofría el ajo, el pimentón y la guindilla a fuego medio-fuerte 2 minutos. Añada los langostinos, el pescado y el calamar y fríalo todo a fuego fuerte unos 3 ó 4 minutos. Retire el marisco y resérvelo.

3. Ponga en la sartén los tomates, el concentrado de tomate, el caldo de pescado, el vino tinto y el azúcar moreno. Llévelo lentamente a ebullición, baje el fuego y déjelo cocer, destapado, 10 minutos. Incorpore el marisco y mézclelo todo bien.

4. En una cacerola con bastante agua hirviendo, cueza la pasta hasta que esté tierna. Escúrrala bien. Una la pasta con la mezcla de marisco y sírvalo de inmediato.

Nota: En esta receta puede utilizar cualquier tipo de pasta, por ejemplo tallarines, caracolas, macarrones o plumas. Éste es un plato picante. Puede variar la cantidad de guindilla a su gusto.

Pele y retire los intestinos de los langostinos, trocee el pescado y corte el calamar en aros.

Fría el marisco a fuego fuerte unos 3 ó 4 minutos, retírelo de la sartén y resérvelo.

Ponga en la sartén los tomates, el concentrado de tomate, el caldo, el vino y el azúcar.

En una cacerola con bastante agua hirviendo, cueza la pasta hasta que esté tierna.

51

Sardinas con salsa de tomate

Tiempo de preparación:
30 minutos
Tiempo de cocción:
15 minutos
Para 4-6 personas

SALSA DE TOMATE
1 cucharada de aceite
de oliva
2 dientes de ajo
440 g de tomates en
lata, triturados
¹/₄ taza de vino blanco
2 cucharadas de con-
centrado de tomate
¹/₄ taza de albahaca
fresca picada

500 g de sardinas
pequeñas frescas
¹/₂ taza de harina
¹/₂ cucharadita de
pimienta molida
¹/₃ taza de aceite de
oliva
ramitas de alguna
hierba aromática,
para decorar

1. Para preparar la salsa de tomate, caliente el aceite de oliva en una cacerola mediana. Sofría el ajo majado a fuego lento durante 2 minutos. Añada los tomates, el vino blanco, el concentrado de tomate y la albahaca. Déjelo cocer, destapado, unos 10 minutos.
2. Corte las cabezas de las sardinas y deséchelas. Retire las vísceras, aclare las sardinas bajo el grifo y séquelas con papel absorbente.
3. Mezcle la harina y la pimienta en un cuenco mediano. Reboce ligeramente las sardinas con la harina sazonada y sacuda el exceso. Caliente el aceite en una sartén mediana y fría las sardinas a fuego medio durante 2 minutos por cada lado, hasta que estén tiernas. Retírelas de la sartén y escúrralas sobre papel absorbente.
4. Disponga las sardinas en una fuente de servir grande y cúbralas con salsa de tomate. Décorelas con ramitas de alguna hierba aromática y sírvalas de inmediato.
Nota: En lugar de sardinas, puede utilizar langostinos y vieiras frescas. Pele los langostinos y cocine el marisco del mismo modo. Puede preparar la salsa de tomate con 1 ó 2 días de antelación y refrigerarla.

Añada los tomates, el vino, el concentrado de tomate y la albahaca al ajo sofrito.

Corte las cabezas de las sardinas y retire las vísceras; aclárelas y séquelas.

Reboce ligeramente las sardinas con la harina sazonada y sacuda el exceso.

Fríalas en aceite a fuego medio durante 2 minutos por cada lado, hasta que estén tiernas.

Pescado frito con salsa picante de vinagre

Tiempo de preparación:
20 minutos
Tiempo de cocción:
15 minutos
Para 4-6 personas

SALSA PICANTE DE VINAGRE
1 taza de vinagre de vino blanco
¹/₄ taza de hojas de tomillo fresco
1 cebolleta, picada
1 cucharadita de azúcar
1 cucharadita de pimentón dulce

¹/₂ taza de harina
¹/₂ cucharadita de pimienta molida
6 filetes pequeños de pescado blanco (unos 600 g)
3 huevos
1 diente de ajo, majado
1 cucharadita de pimentón dulce
¹/₂ taza de aceite de oliva

1. Para preparar la salsa picante de vinagre, mezcle el vinagre, el tomillo, la cebolleta, el azúcar y el pimentón en una cacerola pequeña. Déjela cocer, destapada, durante unos 10 minutos.

2. Mezcle la harina y la pimienta en un cuenco mediano. Reboce ligeramente el pescado con la harina sazonada y sacuda el exceso. En un cuenco mediano, bata un poco los huevos junto con el ajo y el pimentón, hasta que la mezcla quede espumosa. Sumerja cada uno de los filetes en la mezcla de huevo y deje que escurra el exceso.

3. Caliente el aceite en una sartén mediana y fría el pescado a fuego medio-fuerte durante 3 ó 4 minutos por cada lado, hasta que esté dorado y bien hecho. Retírelo de la sartén y escúrralo sobre papel absorbente.

4. Sírvalo de inmediato acompañado con la salsa.

Nota: El rebozado del pescado resulta fino y ligeramente crujiente. Sírvalo tan pronto como sea posible después de freírlo, de lo contrario el rebozado se reblandecería. Sirva la salsa junto con el pescado, pero no la vierta por encima.

Para preparar la salsa, mezcle todos los ingredientes necesarios en una cacerola.

Bata un poco los huevos junto con el ajo majado y el pimentón hasta que quede espumoso.

Sumerja los filetes rebozados con harina en la mezcla de huevo y deje escurrir el exceso.

Fríalos 3 ó 4 minutos por cada lado, retírelos de la sartén y escúrralos sobre papel absorbente.

Mezcle el vino, el oporto, el zumo de naranja, la miel, la rama de canela y la piel de naranja.

Con un cuchillo afilado, haga un corte vertical en cada higo.

POSTRES Y TARTAS

Estos postres y tartas son dulces y consistentes. Las natillas y los dulces elaborados con frutos secos (en especial con almendras), con fruta seca y con miel son muy apreciados.

Higos rellenos con nueces y miel

Tiempo de preparación:
  30 minutos
Tiempo de cocción:
  45 minutos
Para 4-6 personas

---

2 tazas de vino tinto
2 tazas de oporto
1 taza de zumo de
  naranja
³/₄ taza de miel
1 rama de canela
1 trozo de 5 cm de piel
  de naranja
500 g de higos secos

1¹/₂ tazas de nueces
SALSA DE YOGUR
1 taza de yogur
  natural
1 cucharada de azúcar
  moreno
1 cucharadita de
  canela molida

---

1. En una cacerola grande de acero inoxidable, mezcle el vino tinto, el oporto, el zumo de naranja, la miel, la rama de canela y la piel de naranja. Llévelo lentamente a ebullición y déjelo cocer, destapado, unos 10 minutos.

2. Haga un corte vertical en cada higo y rellénelos con 3 ó 4 trozos de nuez. Introduzca con cuidado los higos en la mezcla de vino hirviendo, tape la cacerola y déjelo cocer a fuego lento 45 minutos.

3. Para preparar la salsa de yogur, mezcle el yogur, el azúcar moreno y la canela en un cuenco pequeño. Cúbralo con film transparente y refrigérelo al menos 30 minutos antes de su uso, para que se impregnen bien los sabores.

4. Sirva los higos calientes o fríos, acompañados con la salsa de yogur.

Nota: La salsa de yogur se conserva en el frigorífico hasta 3 días.

Abra los higos y rellénelos con 3 ó 4 trozos de nuez.

Para preparar la salsa de yogur, mezcle el yogur, el azúcar moreno y la canela.

Flan de naranja

Sírvalo con nata y fresas.

Tiempo de preparación:
30 minutos +
8 horas de refrigeración
Tiempo de cocción:
45 minutos
Para 4-6 personas

CARAMELO	1 taza de nata líquida
1/2 taza de agua	*1 cucharadita de ralla-*
1 taza de azúcar	*dura fina de naranja*
extrafino	*3 huevos y 3 yemas*
FLAN	*1/3 taza de azúcar*
1 taza de leche	*extrafino*

1. Precaliente el horno a 160°C. Unte con mantequilla derretida una fuente refractaria o un molde redondo hondo de 20 cm.
2. Para preparar el caramelo, mezcle el agua y el azúcar en un cazo pequeño. Caliéntelo a fuego lento removiendo constantemente hasta que hierva y el azúcar se haya disuelto. Baje el fuego, déjelo cocer, destapado y sin remover, unos 3 ó 4 minutos o hasta que la mezcla adquiera un tono dorado oscuro. Cubra con el caramelo la base del molde preparado de modo uniforme.
3. En un cazo pequeño, caliente la leche, la nata y la ralladura de naranja.

Cuando vaya a romper a hervir, retírelo del fuego, déjelo enfriar y cuélelo. Con la batidora eléctrica, bata los huevos, las yemas de huevo y el azúcar en un cuenco grande hasta que la mezcla se vuelva espesa y pálida. Incorpórele la leche de forma gradual, sin dejar de batir.
4. Utilice un colador fino para pasar la mezcla de huevo al molde preparado. Coloque el molde al baño María en una fuente de horno y hornéelo durante 45 minutos o hasta que cuaje. Retire el molde del baño María inmediatamente.
5. Déjelo enfriar a temperatura ambiente y refrigérelo al menos 8 horas. Vuélquelo sobre una fuente de servir y córtelo en porciones.

Vierta el caramelo de modo uniforme sobre la base del molde, previamente engrasado.

Utilice un colador fino para pasar la mezcla de huevo al molde con el caramelo.

Coloque el molde al baño María sobre una fuente de horno.

Cuando haya cuajado, retire el molde del baño María inmediatamente y déjelo enfriar.

Bizcocho de almendras y limón

Tiempo de preparación:
25 minutos
Tiempo de cocción:
40 minutos
Para 4-6 personas

125 g de mantequilla
1 taza de azúcar
extrafino
4 huevos, poco batidos
¹/₃ taza de zumo de
limón
¹/₂ taza de harina de
fuerza y ¹/₂ taza de
harina blanca

2 tazas de harina de
almendra
ALMÍBAR DE LIMÓN
1 limón
¹/₂ taza de agua
¹/₂ taza de azúcar
extrafino
nata montada, para
servir

1. Precaliente el horno a 180°C. Unte con aceite o mantequilla derretida un molde para tartas hondo y redondo de 23 cm. Forre la base y las paredes con papel y engráselo.

2. Con la batidora eléctrica, bata la mantequilla troceada y el azúcar en un cuenco pequeño hasta que la mezcla quede ligera y cremosa. Incorpore los huevos de forma gradual, batiendo bien después de cada adición. Agregue el zumo de limón y mézclelo todo bien.

3. Añada la harina de fuerza, la blanca y la de almendra tamizadas y remueva con una cuchara de metal hasta que la mezcla quede fina, pero sin mezclar demasiado.

4. Disponga la mezcla a cucharadas en el molde preparado de modo uniforme y nivele la superficie. Hornéelo de 35 a 40 minutos o hasta que al insertar una brocheta en el centro, ésta salga limpia. Deje reposar el bizcocho en el molde 5 minutos antes de volcarlo sobre una rejilla para que se enfríe.

5. Para preparar el almíbar de limón, pele el limón y corte la piel en tiras finas. Mezcle el agua y el azúcar en un cazo pequeño. Caliéntelo a fuego lento removiendo constantemente hasta que la mezcla hierva y el azúcar se haya disuelto. Baje el fuego, añada las tiras de piel de limón y déjelo cocer, destapado y sin remover, 3 ó 4 minutos hasta que el almíbar se espese.

6. Corte el bizcocho en porciones, rocíelas con una cucharada de almíbar de limón y sírvalas con nata montada.

Nota: Para cortar la piel de limón en tiras finas, pélelo con un pelapatatas o con un cuchillo pequeño afilado, procurando no incluir la pielecilla blanca que proporcionaría un sabor amargo. Con un cuchillo afilado, corte la piel de limón en tiras del tamaño de una cerilla. Si lo desea, puede retirar las tiras del almíbar antes de servirlo. Si prefiere un almíbar de sabor más intenso, sustituya parte o todo el agua por zumo de limón. Tanto el bizcocho como el almíbar pueden prepararse con antelación.

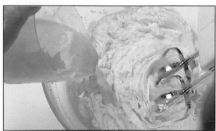

Incorpore los huevos a la mezcla de forma gradual, batiendo bien después de cada adición.

Añada las harinas tamizadas y mézclelo todo con una cuchara de metal.

Disponga la mezcla a cucharadas en el molde preparado y nivele la superficie.

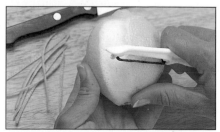

Pele el limón y corte la piel en tiras finas.

61

Tarta de moca

Consistente y deliciosa.

Tiempo de preparación:
1 hora
Tiempo de cocción:
20 minutos
Para 4-6 personas

3 huevos, poco batidos
²/₃ taza de azúcar
extrafino
2 cucharadas de agua
caliente
1 taza de harina de
fuerza, tamizada
CREMA DE MOCA
¹/₂ taza de azúcar
extrafino
¹/₃ taza de agua

4 yemas de huevo
1 cucharada de café en
polvo instantáneo
250 g de mantequilla
sin sal, troceada
¹/₄ taza de leche
2 cucharadas de ron
100 g de almendras en
láminas, tostadas
SALSA
425 g de ciruelas en
conserva

1. Precaliente el horno a 180°C. Unte con mantequilla derretida un molde para brazo de gitano de 30 x 25 x 2 cm y fórrelo con papel.

2. Bata los huevos durante 3 minutos o hasta que se espesen. Añada el azúcar de forma gradual y siga batiendo hasta que la mezcla se vuelva pálida. Incorpore rápidamente el agua y la harina.

3. Páselo al molde y hornee de 15 a 20 min. Deje el bizcocho en el molde 3 minutos y vuélquelo sobre un papel espolvoreado con azúcar glas.

4. Para preparar la crema de moca, mezcle el azúcar y el agua en una cacerola. Caliéntelo removiendo hasta que hierva y déjelo cocer, destapado y sin remover, unos 2 minutos. Déjelo enfriar. Bata las yemas y el café en polvo hasta que se espesen. Añada el almíbar frío en un chorro fino, sin dejar de batir. Por otro lado, bata la mantequilla hasta que quede ligera y cremosa. Vierta la mezcla de huevo sobre la mantequilla y siga batiendo 4 minutos.

Refrigérelo 15 minutos.

5. Forre con papel de aluminio la base y las paredes de un molde alargado de 26 x 8 x 6 cm. Recorte los bordes del bizcocho y córtelo longitudinalmente en tres. Mezcle la leche y el ron, y divida la crema de moca en tres partes.

6. Para montar la tarta, coloque en el molde una capa de bizcocho boca abajo. Vierta por encima la mitad de la mezcla de ron. Con una espátula, extienda una porción de crema sobre el bizcocho. Repita esta operación con la segunda capa. Termine con la última capa de bizcocho y presione con la mano. Cúbralo con film transparente y refrigérelo 1 hora o toda la noche. Vuelque la tarta en una fuente de servir, déjela reposar 10 minutos y cubra la superficie y los laterales con la crema restante y con las almendras.

7. Para la salsa, deshuese las ciruelas y tritúrelas con el robot de cocina hasta obtener un puré fino. Sirva las porciones de tarta con esta salsa.

Con una cuchara de metal, incorpore el agua y la harina rápidamente a la mezcla de huevo.

Incorpore el almíbar frío en un chorro fino a la mezcla de yema de huevo y café.

Rocíe el bizcocho con la mitad de la mezcla de leche y ron.

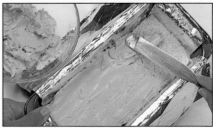

Extienda una parte de la crema de moca uniformemente sobre el bizcocho.

ÍNDICE